JN221700

カエル君と学ぶ！

著作権

山本特許法律事務所
弁護士 **三坂 和也**

山本特許法律事務所
弁護士 **井髙 将斗**

はじめに

調べ学習に役立つ知識

　「調べ学習」とは、たくさんの小学校や中学校で行われている学習方法のことで、テーマに沿った情報を集め、資料や壁新聞などを作って発表する方法です。

　みなさんが調べ学習を行う中で、色々な本やウェブサイトをみたり、書き写したり、最近ではAIを使うこともあると思います。

　注意をしなければいけないことは、「本やウェブサイトの文章などを作った人の権利（著作権）を侵害していないか」ということです。AIについては、機械学習といって、他人の作った論文や文章が使われている場合があるため、AIの回答を利用して調べ学習をする場合も、他人の著作権を侵害している可能性があります。

　この本は、小中学生のみなさんの平日、休日の身近な日常の中で著作権と関わる場面ごとに著作権について説明をすることで、著作権について身近に感じてもらえる内容となっています。

　この本を通じて、小学校、中学校のみなさんが著作権に違反することなく調べ学習を進め、さらに上の学年に上がったときに、著作権を意識して論文発表などを行なうことができるようになってもらえればと思っています。

「調（しら）べ学習（がくしゅう）」と「著作権（ちょさくけん）」

そもそもなにが「著作物」になるの？

著作権で守られているものを「著作物」といいます。

著作物には、文章、音楽、映画、舞踏、劇、絵画、彫刻、建築物、図面、写真、ソフトウェアなどいろいろなものが含まれます。

著作物は、著作権法で難しい言葉で説明されているのですが、簡単にいうと、次の全てにあてはまるものです。

①単なる事実を伝えるものではなくて、考えや感情が含まれているもの

たとえば、

東京タワーの高さは３３３メートルである

という文章がウェブサイトにあったとしても、単なる事実を書いたもので、考えや感情が含まれていないので著作物ではありません。歴史の事実、算数の計算式、漢字ができた由来なども単なる事実なので著作物ではありません。

②作った人の個性が表現されているもの（「創作性」といいます）

たとえば、

> 東京タワーの高さは３３３メートルである。登ったときはとても怖くて足が震えた

という文章がブログに書かれていたとしましょう。前の文章と違って感情が表現されていますが、「登ったときはとても怖くて足が震えた」という表現はありふれたものです。個性のある文章ではありませんので、著作物にはあたりません。このように他人の文章であっても一般的な表現については著作物ではありません。

③表現をしたもの

頭の中にある考えやアイデアは表現ではありません。たとえば、発明は考えやアイデアであって表現ではないので著作物にはあたりません。特許法という別の法律で守られています。

どのような行為が著作権侵害となるの？

それではどのような行為が著作権侵害にあたるのでしょうか？
著作権侵害にあたる行為についてみていきましょう。

①本のコピーやデータのダウンロードなど

本や新聞を許可なしにコピーしたり、画像、音楽、動画など
をパソコンにダウンロードしたりすることは著作権侵害にあた
る可能性があります。しかし、学校の授業の中で先生や生徒が
本や新聞などをコピーして使うことは、法律で例外的にOKと
されています。

②映画の上映、音楽の演奏、インターネットでの公開など

多くの人に向けて音楽を演奏したり、録音物を再生したり、
映画を上映したり、他人の動画や画像をインターネットで公開
したりする行為も著作権侵害にあたる可能性があります。しか
し、営利目的（お金儲け目的）でない場合や、授業の中で使う
場合には法律で例外的に認められています。でも、インターネッ
トで他人の動画や画像を公開する場合は、この例外にあたらな
いので注意してください。

③他人への譲渡、貸与

　本や音楽データのコピーを他人に渡したり、貸したりすることも禁止されています。しかし、自分で買った本を、ブックオフやヤフオクなどで売ることは法律で許されています。また、学校の授業で使う場合は、本のコピーを先生が生徒に配ることも許されています。

④他人の著作物を使って別の著作物を作る行為

　簡単にいうと、他人の著作物のパクリ行為（真似する行為）は著作権侵害にあたります。しかし、何がパクリ行為にあたるのかは、法律の専門家でも簡単に判断はできません。パクリか、パクリではないかをめぐって裁判になる場合も多いです。

　たとえば、漫画「スラムダンク」について、不良の高校生が主人公でバスケットボールをするという漫画を描いただけでは真似したとはいえず、赤髪リーゼントの主人公、ゴリと呼ばれるキャプテン、クールでイケメンのエースなど細かいところまで似ている場合に、真似したと判断されるおそれが高くなります。

これは「やっていいこと?」「悪いこと?」

調べ学習のために本や新聞をコピーしたり、コピーしたものを壁新聞に貼って使っていいの？

学校の授業の中で使う場合は、例外的に本や新聞の一部をコピーしたり、コピーしたものを配ることが許されています。なので、調べ学習のために本や新聞をコピーしたり、コピーしたものを壁新聞に貼って使うこともOKです。この場合、参考にした本や新聞、作者の名前を記載して、どこからコピーして使っているかがわかるようにしましょう。

これは「やっていいこと?」「悪いこと?」

生徒が調べ学習で作成した資料や新聞を学校のウェブサイトで公開してもよいの?

生徒が授業の中で作成した壁新聞に他人の著作物が使われている場合、その壁新聞を、学校のウェブサイトで公開すると、著作権侵害にあたるおそれがあります。壁新聞に本や新聞の一部が使われている場合は、使うこと（「引用」といいます）の条件を満たすことで、ウェブサイトで公開することができます。

【引用の条件】

・引用している部分と自分の文章をはっきりと区別していること（たとえば、引用している部分にカギカッコをつける）

・引用している部分が壁新聞の主な部分ではないこと（たとえば、引用部分の分量が少なく、自分の文章がほとんどである場合）

・引用している文書の作者、本・新聞などの名前を記載していて、どこから利用したのかわかること

・必要な範囲の引用であること（全部の引用は原則NG）

これは「やっていいこと?」「悪いこと?」

運動会や文化祭などで音楽をかけて使ってもよいの?

運動会や文化祭の看板にアニメのキャラクターのイラストを使ってよいの?

音楽や映画などの著作物について、料金を受け取らないなど営利（お金儲け）を目的としない場合には、音楽を演奏したり、映画を上映したりすることができます。また運動会や文化祭については、教育の一部と考えられているため、運動会や文化祭で音楽をかけて使ったり、運動会や文化祭の看板に、キャラクターのイラストを使用することもできます。ただし、使える期間は、授業、運動会、文化祭の期間中だけなので注意しましょう。

これは「やっていいこと?」「悪いこと?」

オンライン授業で事前に学習する本のコピーのデータをクラウドやサーバーにアップロードしていいの?

学校の授業を対面やオンラインで行う場合に、学校の先生は、他人の本や新聞を授業中にコピーして配ったり、

画面で生徒にみせることができます。だけど、学習する本のデータをクラウドやサーバーにアップロードして生徒に配るには、SARTRASという管理団体に、学校が補償金を払う必要があります。

これは「やっていいこと?」「悪いこと?」

他人の音楽を使っている運動会や学芸会の映像のデータを学校が生徒に配っていいの?

運動会や学芸会のために他人の音楽を利用することは、お金儲けを目的とするものではなく、教育の一部と考えられていることから、行うことができます。でも、他人の音楽を使っている運動会や学芸会の動画を撮って、学校が生徒に配ることは、授業の中でコピーをするわけではないので、許されていません。この場合、著作権者の許可が必要となります。多くの音楽については、日本音楽著作権協会（JASRAC）などの管理事業者が管理をしていますので、許可をえる手続を事前にしておきましょう。

これは「やっていいこと?」「悪いこと?」

授業や文化祭などの看板に、他人のデザインや、アニメのキャラクターを真似したデザインを描いてよいの?

　授業の中で描く場合は、他人のデザインやアニメのキャラクターを真似したデザインを描いて展示することは許されています。運動会や文化祭も授業の一部と考えられているので、運動会や文化祭のデザインで他人のイラストやアニメのキャラクターを真似したデザインを作って展示できます。ですが、あくまで展示することができるのは文化祭や運動会の期間に限られていて、文化祭や運動会が終わった後もそのまま展示し続けることはできませんので注意してください。

平日編
とある中学生の日常生活

1

ChatGPTって、よく耳にするな…

「調べ学習」で

8：00 課題を決めよう

朝8時、調べ学習をはじめたカエル君は、なにを調べようかと思いながらニュースをみていました。

「ChatGPT」のニュースが流れている。「ChatGPT」ってなに？

NEWS
ChatGPT

「ChatGPT」の仕組みはどうなっているの？

課題「ChatGPTの活用の仕方」

新聞やニュースをみていると、いろいろな話題がでてきます。なかには、人の生活を変える可能性のあるサービスの話題もあります。

「ChatGPT」には、人の生活を変える可能性があります。読者のみなさんの生活にもかかわってきます。実際、政府は、小中学校での「ChatGPT」の取扱いについてガイドラインを公開しています。

こうしたわけで、「ChatGPT」のことを詳しく調べることは、たいへん有意義と考えて、この課題をえらびました。

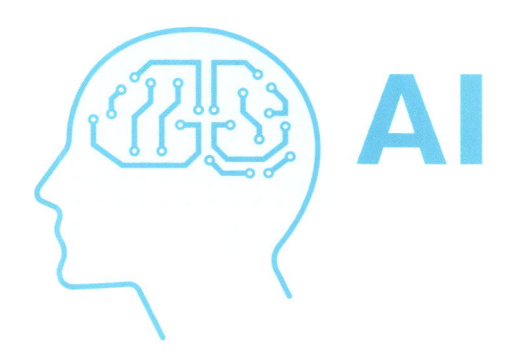

ところで、そもそも「ChatGPT」ってどんなものなのでしょうか？　これを理解するためには、実際に使ってみることが一番です。

ただ、「ChatGPT」を提供するOpenAI社が、年齢制限をもうけています。13歳以上でなければ使うことができず、18歳未満の場合、親の同意が必要です。

13 歳未満の方は、18 歳以上の家族が使うところをみせてもらうなどして、どういったものかをみてください。

　「ChatGPT」は、どんな質問をしても回答してくれます。長い文章を短くまとめてくれますし、日本語から英語、英語から日本語への翻訳もしてくれます。しかも早い。「ChatGPT」にいろいろ質問をしてみてください。ギモンに思っていることや悩みを相談するのもよいでしょう。

　さて、「ChatGPT」のことが少しわかってきたところで、どのような仕組みか知りたくなってきました。

　簡単にいうと、「ChatGPT」は、AI（人工知能）です。そのAIに、大量の情報を学ばせて、ある単語や文章の次にくる単語や文章を予測できるようにしています。「統計的にそれらしい応答」がつくれるようになっています。

　「統計的にそれらしい応答」（ある文章の次にくることの多い文章をつなげてもっともらしい応答をする）という点が重要です。「ChatGPT」は、議論をする相手としては優秀なのですが、その回答にはまちがいがふくまれる可能性が常にあります。手前の文に確率的にありそうな続きの文をどんどんつなげるAIであることから、回答が正しい保証はどこにもないのです。

　「ChatGPT」の回答は、あくまで「参考の一つにすぎない」ものです。回答が正しいかどうかは、信頼できる情報にあたって自分で判断する必要があります。ネットには（だれが書いた

ものかわからない）情報があふれ、それを学習した「ChatGPT」が一定の回答をすぐにしてくれるようになりました。ギモンに対する答えがすぐ手に入る時代になりました。新聞や本だけから（ある程度信頼できる）情報をえるという時代ではなくなりました。こうした状況では、まちがった情報におどらされないようにすることがますます重要になってきます。

　この点をしっかり分かったうえで「ChatGPT」を使えば、気づかなかったことを気づかせてくれる頼もしい相棒になることでしょう。

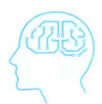 **「ChatGPT」に「ChatGPTはどう使えば一番いいか、やさしく説明して。」と質問をしてみました。**

ChatGPTを使う一番いい方法は、知りたいことや疑問に思ったことを気軽に質問することです。たとえば、

・宿題の質問
・歴史や科学のこと
・言葉の意味や使い方

など、どんなことでもOKです。わからないことがあれば、まずChatGPTに聞いてみるといいですよ！　話しかけるように質問するだけで、すぐに答えが返ってきます。

2

9:00

課題が決まったことだし、次は…

集める情報を決める

朝9時、「ChatGPT」のことを詳しく知りたいカエル君は、どこから情報を集めるべきか悩みはじめました。

実際に使ってみて、どんなものかはうっすらとわかったけど、詳しく知るにはどうすればいいかな?

ネットには情報があふれているけど、どれをたよりにすればいいかな?

本や政府の情報を中心に、賛成の意見・反対の意見の両方を集める

100%正しいという情報は、ほとんど存在しませんが、多くのことを勉強した大学の先生などがいろいろ調べてみちびいた意見やその根拠（裏付け）となる情報は、信頼できる場合が多いです。

政府の情報は、こうした人々が関わって発信されている場合が多く、信頼できます。こうした人々の本も信頼できます。政府の情報や本は、その作成に多くの人がかかわり、チェックして世の中にだされていますので、信頼できるともいえます。

一方、ネットの情報は、だれが書いたものかわからないものが多く、まちがいが含まれているものも多く、信頼できない場合が多いです。

なので、本や政府の情報を中心に「ChatGPT」のことを調べていくのがよいでしょう。

　政府は、小中学校の教育現場における「ChatGPT」の取扱いに関するガイドラインをだしています。「初等中等教育段階における生成AIの利用に関する暫定的なガイドライン」というものです。これをみるところからはじめてみましょう。

　ただ、このガイドラインの内容は簡単ではありません。むずかしい漢字も多く含まれています。そこで、「ChatGPT」の出番です。「このガイドラインの漢字にフリガナをつけて」、「このガイドラインの内容をわかりやすく短くまとめて」といえば、すぐにしてくれます。それをみてガイドラインの内容を理解していくこともできます。

　ほかにも、情報を集めるときのコツがあります。

　人は情報を伝えるとき、単に情報を書くだけでなく、その情報に対する自分の考えをまじえながら情報を伝えることが多いです。単なる情報は読み手としても面白みがなく退屈なのです。たとえば、「ChatGPT」がとても便利ですばらしいものだと思っている人と、「ChatGPT」は人類をおびやかす危険なものだと思っている人とでは、「ChatGPT」の説明の仕方にちがいがでます。読み手は、しらずしらずのうちに、書き手の考えの影響を受けて、正確な判断ができないようになることがありま

す。

　これを回避する方法として次の二つがあります。一つは、「ChatGPT」に賛成・反対二つの意見を集めることです。これによりいろいろな立場があることがわかります。もう一つは、それぞれの立場の理由を理解することです。ある意見の背後には、その意見の理由となる情報があるはずです。理由となる情報がない意見は、その意見の正しさをチェックできず信頼できません。意見の理由となる情報がきちんと書かれているか？その理由となる情報が信頼できるものか？　その信頼できる情報からその意見をみちびけるものか？　をみていくことが重要です。

　以上の２点をみながら、どちらの立場に賛成できるかを考えつつ調べていくと自分の立場が明確になっていくはずです。

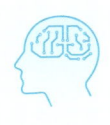「ChatGPT」に「信頼できる情報を調べる一番いい方法を、やさしく説明して。」と質問をしてみました。

信頼できる情報を調べる一番いい方法は、次のステップを心がけることです：

いろいろな情報を確認する

一つのウェブサイトや本だけでなく、他の場所にも同じことが書かれているかを確認します。たくさんのウェブサイトや本で同じことが書かれていると、信頼できる可能性が高いです。

信頼できるウェブサイトや本を使う

学校や大学、政府、ニュースのウェブサイトなど、しっかりしたところの情報を使うのが安全です。ウィキペディアなども参考にできますが、必ず他の信頼できる情報も合わせて確認しましょう。

日付を確認する

情報が古くないかをチェックします。特にニュースや技術の情報は、最新の情報が大事です。

著者や書いた人をみる

誰がその情報を書いたのか確認します。専門家や信頼でき

る人が書いていると、より安心できます。

このようにして、しっかり確認しながら調べると、信頼で

きる情報を見つけやすくなりますよ。

詳しく教えて
くれるんだね

3

さて、どこから探そうか…
情報を集める

10：00

朝10時、カエル君はどのようにして本や政府の情報を集めるべきかわからなくなってきました。

図書館に行けばいいのかな？
それとも本屋さん？
図書館に行って本が
なかったらどうしよう？

政府の情報は
どうすれば
集められるのかな？

本を買う・借りる、ダウンロードして読む、活用者の話をきく

　図書館には、いろいろな本があり、調べ学習の強い味方です。フットワークかるく、図書館に行って調べることは大切です。

　もっとも、なるべくムダはなくしたいですよね。「ChatGPT」は新しい技術であることから、「ChatGPT」に関する本が図書館に置かれていない可能性もありそうです。それよりは、大きな本屋さんにいった方がよい本がみつかるかもしれません。

　とはいえ、図書館はなんといっても無料で借りれますので、図書館に「ChatGPT」に関する本があれば、それを借りるのがよいです。家から近い図書館に電話をして、「ChatGPT」に関する本があるか聞いてみるところからはじめましょう。図書館のサイトで、どのような本が置かれているか調べることもできます。

　こうして、図書館に行くか本屋さんに行くかを決めたら、出発です。もちろん両方に行ってもかまいません。

　次に、政府の情報の調べ方です。Googleの検索エンジンで、「ChatGPT　政府」などと入れて調べると、いろいろな情報がリストアップされます。

政 府

　これでみつけられないときは、入力するキーワードを変えてみましょう。まず、「政府　省庁」と入れて検索すると、省庁一覧がでてきます。「ChatGPT」に関する情報をだしていそうな省庁はどこかと思いながらみていき、「デジタル庁」、「文部科学省」あたりだろうと決めて、Googleの検索エンジンに「ChatGPT　デジタル庁」、「ChatGPT　文部科学省」と入力して検索すると、別の情報がリストアップされます。

このほか、「ChatGPT　ガイドライン」と入力して検索してみる方法もあります。

　このようにして政府の情報を集めていきます。文部科学省が、「初等中等教育段階における生成AIの利用に関する暫定的なガイドライン」を公開しており、こうした情報にであったときは、保存しておいてください。

　話が変わりますが、読み物だけでなく、インタビューをしてみることも大切です。「ChatGPT　役所」と入力してGoogle検索すると、ChatGPTを活用している都道府県の役所が確認できます。自宅に近い役所を決めて、そこに訪問・インタビューするために、電話や手紙、メールで問いあわせることもできます。インタビューをすることではじめてわかることも多いはずです。本を読んでボヤっと理解していたものが、はっきりと理解できるようになることもありますし、新たな気づきもあるはずです。

　訪問・インタビューの前にしっかりと下調べをしておくことで、有意義な訪問・インタビューになることでしょう。

4

情報が集まってきたけど…

情報をまとめる

13：30

午後1時30分、午前中に調べた情報を整理しようと考えたカエル君は、いろいろな情報をどうまとめればいいかわからなくなってきました。

情報のまとめって
どうするんだろう？

そもそもなにを調べて
伝えたかったんだっけ？

「ChatGPT」の良い面と悪い面を整理する

　情報を整理するときには、目的を決めてまとめるのがよいと思います。課題は、「ChatGPTの活用の仕方」です。これをみんなに説明するために情報をまとめることになります。

第二部　平日編｜とある中学生の日常生活

　そうはいっても具体的にどうすればよいかはむずかしいですよね。そこで、聞き手の立場にたって、どう説明されるとわかりやすくてうれしいかを考えてみましょう。

いろいろ調べたことが、すこしでも人の役に立てば調べた甲斐があります。そこで、聞き手の立場にたってみると、「そもそも、ChatGPTがどういったものか説明し」、「その仕組みも伝えたうえで」、「良い面と悪い面を整理して」、「良い面を踏まえた具体的な使い方と、その使い方における悪い面への対策」を伝えることができればよいかもしれません。ポイントは、聞き手のなかには「ChatGPT」のことを知らない人もいるであろうことから、最初に「ChatGPT」のキホンを説明すると聞き手にとってわかりやすいだろうなどと聞き手の立場にたって考えてみることです。

　そこで、まずは「ChatGPT」がどういったものかや「ChatGPT」の仕組みに関わる情報を整理していきます。

　簡単にいうと、「ChatGPT」は、AI（人工知能）です。そのAIに、大量の情報を学ばせて、ある単語や文章の次にくる単語や文章を推測できるようにし、「統計的にそれらしい応答」がつくれるようになっています。

　これだけではわかりにくいので、「ChatGPT」の使い方の具体例を示してあげるとわかりやすくなりベターです。また、文章だけでなく、図や表を使うことでもわかりやすくなります。「統計的にそれらしい応答」の具体例について、たとえば「むかしむかし」を入力すると、次のような回答が返ってきます。

▼ ChatGPTの応答

「むかしむかし」と
入力すると

むかしむかし

◎ むかしむかし、あるところにおじいさんとおばあさんが住んでいました。おじいさんは山へ柴刈りに、おばあさんは川へ洗濯に行きました。

川で洗濯をしていると、大きな桃がどんぶらこ、どんぶらこと流れてきました。おばあさんは桃を拾って家に持ち帰り、二人で切ってみると、中から元気な男の子が現れました。

「これは珍しい！」と驚いたおじいさんとおばあさんは、その子を「桃太郎」と名付け、愛情を込めて育てました。

桃太郎は成長し、鬼退治に出かける冒険を始めました。この話、昔話としても有名ですよね！また別の話も聞きたいですか？

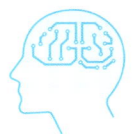

いろいろな情報から
桃太郎の童話を…

**インターネットの
いろいろな情報**

次に、良い面と悪い面について整理していきます。どのような情報を集めるかを決めるにあたり、「ChatGPT」に賛成・反対二つの意見を集める方針にしました。

物事には、良い面と悪い面があります。それは、「ChatGPT」も同じで、その両面をよく整理したうえで、活用方法を考えることで、分かりやすい内容になります。

「ChatGPT」の良い面について、

①よい相談相手になり、気づきを与えてくれること
②レポート等の下地づくりに使ったり、チェック役として使ったりすることで、作業を効率化してくれること

が挙げられます。

　上記①について、古代ギリシャの哲学者ソクラテスは、人との対話を重視したことで知られていますが、「ChatGPT」と対話することで、自分の考えを整理したり、新たな気づきを与えてもらえたりできる点こそ、「ChatGPT」の良い面だと思います。

　上記②について、「ChatGPT」が、どのような作業をサポートしてくれるかについては 48 ページをご覧ください。

　「ChatGPT」の悪い面について、

③回答内容にはまちがいが入っている危険があること
④人の考える力を弱くするおそれがあること

が挙げられます。

　③について、「ChatGPT」は、ある単語や文章の次にくる単語や文章を予測できるようになっており、「統計的にそれらしい応答」をつくることができる AI です。こうした性質上、回答内容が正しいという保証はどこにもありません。回答内容が正しいかどうかについては、信頼できる情報にあったって自分

で確認する必要があります。

④の点は、小中学生のような、まだ国語力が十分に身についていない時期で特に問題となります。ネットには（だれが書いたものかわからない）情報があふれ、それらを学習した「ChatGPT」が一定の回答をすぐに提示してくれますが、その回答をそのまま信じて、それ以上考えることをやめてしまうと人の未来は暗いです。情報操作されてしまいかねません。こうした時代だからこそ、自分で調べて、自分で考えて、答えをみちびき出す力がより大切になるように思います。

しっかりと国語力を身につけ、「ChatGPT」の特性も理解したうえで、あくまで、人の作業を助ける道具として、「ChatGPT」を使いましょう。

すなわち、「ChatGPT」がつくったものが、正しいのか間違っているのか、素晴らしい内容なのか退屈な内容なのか、といったことを判断できるだけの力をつけてから、「ChatGPT」を道具として使うのがいいと思います。

「ChatGPT」につくってもらった宿題・レポートの内容が理解できず、自分で提出したものなのによくわからないということではいけません。こうした理由もあってか、「ChatGPT」は、13歳以上でなければ使うことはできず、18歳未満の場合、親の同意がなければ利用できないことになっています。

最後に、悪い面とまではいえませんが、個人情報や秘密の情報を入力してしまうと、「ChatGPT」をとおしてだれかに知られてしまうかもしれません。「ChatGPT」では、入力した内容が使われないように設定できますので、そのような設定をするか、あるいは個人情報や秘密の情報は入力しないようにすべきです。

自分の生活への活用方法を考える

良い面と悪い面を整理してきました。次に、どのように活用できるかを考えていきます。ここでは、文部科学省がだしている、「初等中等教育段階における生成AIの利用に関する暫定的なガイドライン」および「大学・高専における生成AIの教学面の取扱いについて」というガイドラインが役立ちそうです。

ガイドラインをみると、小中学生がすぐに「ChatGPT」を使うというよりは、将来、「ChatGPT」を使うという観点から、「ChatGPT」の良い面と悪い面をしっかり理解し、その性質や限界を学んでおくことが大切とされています。将来使うための準備をしっかりとしておくことが重要で、たとえば、「ChatGPT」の回答は参考にはなるものの、回答内容が正しいとは限らず、最後は自分で判断する必要があるとされています。

また、ガイドラインでは、グループの考えをまとめたり、アイデアを出したりする中で、生徒同士で一定の議論やまとめをしたうえで、足りない視点をみつけ議論を深める目的で使うことが挙げられています。これは、自らで考えることを基本において、それをサポートしてもらう形の利用です。このような使い方であれば、人に気づきを与えてくれるという「ChatGPT」の良い面を享受できるとともに、考える力を弱くするという「ChatGPT」の悪い面も回避でき、よい使い方と考えられます。

　このほか、読書感想文を書いたあとに、「ChatGPT」にコメントをもらうのもよいでしょうし、数学の問題をといたあとに、計算の仕方を「ChatGPT」に入力したうえで、別の解き方があるか聞いてみるという使い方も考えられます。

　なお、「ChatGPT」は、利用規約上、13歳以上でなければ使うことができず、18歳未満の場合、親の同意がなければ利用できません。なので、実際に小学生が利用することはできないです。でも、将来、この利用規約が変更となる可能性はありますし、なにより今後どのように活用していくのかを考える練習としていろいろな活用方法を考えてみてください。

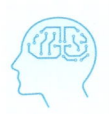「ChatGPT」に「中学生がChatGPTを活用する方法を教えて」と聞いてみたところ、次の回答がかえってきました。

1. 宿題の手助け：調べものやレポートの作成の手助け。単語の意味や英語の文法を教える。

2. 学習のサポート：数学の問題の解き方を教える。歴史や科学などの知識を学ぶ際のサポート。学校でならった内容の復習や予習。

3. 読書と作文：読書感想文や自由作文のアイデア出し。文章の添削や改善のアドバイス。

4. 創造力の発揮：物語を一緒に作成する。自分の考えたキャラクターやストーリーのアイデアをふくらませる。

5. プログラミングの学習：簡単なプログラミングの概念を学ぶ。プログラミング課題の手助け。

6. 言語学習：新しい言語の単語やフレーズを学ぶ。簡単な会話の練習。

自分以外の人の生活に使う方法を考える

　他人の生活を想像してみることも大切です。将来、自分とはちがった立場にある人を想像しつつビジネスプランなどを考えることもあるはずです。

　本に書かれている活用例をメモして参考にしながら、考えをめぐらすとよい方法がみつかるかもしれません。

　39 ページで、ChatGPT を活用している地方自治体に訪問・インタビューして情報収集する方法があるといいました。この訪問・インタビューの内容がここで役立つことでしょう。

　たとえば、市町村や企業には、日々、さまざまな問い合わせがあります。住民票がほしいがなにを持ってどこに行けばいいか？　電話料金が支払われていないとの通知を受けたがいつまでにどこに振込めばよいか？　などなどです。こうした対応について、AIにあらかじめ学習をさせて対応してもらえるようにするのはどうでしょうか。AIに 24 時間体制で電話対応してもらうのです。

　また、いろいろな登場人物と出会いながら旅をするゲームに、ChatGPT のような機能を組み込めば、登場人物と本当に会話をしているかのような体験が可能になります。

5

いよいよ仕上（しあ）げだ!

情報（じょうほう）を使（つか）う

15：00

午後（ごご）3時（じ）、いろいろ調（しら）べて整理（せいり）した内容（ないよう）を表現（ひょうげん）していきます。
カエル君（くん）はどのように表現（ひょうげん）すべきか考（かんが）えています。

REPORT

レポートの形（かたち）に
するときに
注意（ちゅうい）すべきことは
なに？

どうすれば、
わかりやすく
表現（ひょうげん）できるだろう？

表現する際に注意すべきこと

　いくら詳しく理解できていても、それが聞き手に伝わらなければあまり意味がありません。聞き手にとってわかりやすく表現することが重要です。自分よりも年下の子に丁寧に説明するイメージです。

　むずかしい言葉は使わず、だれにでもわかるような表現で説明するようにしましょう。

　ほかにも、伝えるべき情報が多すぎるときは、伝える情報をしぼることでわかりやすくなりますし、具体例をあげて説明することで理解しやすくなります。

次に、なにを伝えたいのかを明確にし、その目的にそって表現することで伝わりやすくなります。まず結論から伝えると、なにを伝えたいのかがはじめのタイミングで明らかになってわかりやすさが増します。

　意見や考えを述べるときは、その根拠・理由を示すことも大切です。結論も大切ですが、「なぜ」その結論になったのかという理由もとても重要です。なぜなら、結論をささえる根拠・理由があってはじめて、その結論の正しさを他人がチェックできるからです。

　どういうことかわかりにくいと思いますので、裁判所の判決を例に出して説明してみます。判決については、裁判官が有罪・無罪などと判断しているものをイメージしてもらえればと思います。

　裁判所の判決は、有罪か無罪かという結論だけではダメで、そうした結論に至った根拠・理由を示す必要があるとされています。根拠・理由が明らかにされることで、別の裁判官や学者、一般国民などが、判決の正しさをチェックできるのです。このことは、公正な裁判の実現という観点からきわめて重要なものと考えられています。なぜかというと、結論に至る論理的な考えを示すことは、多くの人に自分の判断の正しさを示すために必要であるとともに、これによりはじめて、第三者は、その判

断の問題点を検討・指摘することが可能となり、結果として、

より公正・妥当な結論がみちびかれることにつがなるのです。

　他方、主観的・直感的な考えは、第三者によるチェックがむ

ずかしく、誤った結論をみちびくおそれが高いです。

　こうしたわけで、レポートでもぜひ根拠・理由を示すことを

こころがけてほしいと思います。

　これは、ネット情報や「ChatGPT」の回答をうのみにせず、

その正確さを自分で判断する練習にもなります。

「ChatGPT」に「調べたことをわかりやすく伝えるにはどうしたらいい？」と聞いてみたところ、次の回答がかえってきました。

1. 目的を明確にする：なにを伝えたいのかを明確にし、その目的にそって情報を整理します。

2. シンプルな言葉を使う：専門用語やむずかしい言葉をさけ、だれでも理解できるような言葉を使います。

3. 構造化する：情報を論理的な順序で整理し、導入、本文、結論のような構成を意識します。

4. 視覚的な補助を使う：グラフ、図、表などを使って、視覚的に情報を示すとわかりやすくなります。

5. 具体例を挙げる：抽象的な説明だけでなく、具体的な例を挙げて説明することで理解を深めます。

6. 要約する：長い説明のあとに要点を簡潔にまとめて再確認すると、聞き手が理解しやすくなります。

7. フィードバックを求める：相手が理解しているかどうかを確認し、質問やコメントを受けつけます。

自分の考えを、根拠を示しつつ表現する

根拠を示すときは、信頼できる情報によるべきです。本や政府の情報の方が、ネットや「ChatGPT」の回答よりも信頼できます。

信頼できる（信用性が高い）情報を示しつつ表現するようにこころがけましょう。このときに、どこから情報をひっぱってきたかも明らかにします。これを「**引用**」といいます。

引用のコツは、次のとおりです。

どこが引用部分かが一見して明らかになるようにします。どこからが引用部分で、どこから自分の意見かが不明確ではいけません。

また、どこからその情報をひっぱってきたかを書きます。たとえば、文部科学省の「初等中等教育段階における生成AIの利用に関する暫定的なガイドライン」中の図を引用するときは、その図とともに「出典：文部科学省　初等中等教育局「初等中等教育段階における生成AIの利用に関する暫定的なガイドライン」〇〇ページ（令和5年7月4日）」などと記載します。

6

このレポートの権利って…

16：00 最後に著作権についても少し考えてみよう

午後4時、頑張ってつくったレポートをみてカエル君は、この
レポートの内容がどのように守られるのか気になってきました。

「ChatGPT」の回答は著作権で守られているのかな？

質問 →

ChatGPT

カエル

ChatGPT

回答 →

自分がつくったレポートは著作権で守られているの？参考にした本はどうかな？

「ChatGPT」の回答と著作権について

「ChatGPT」の回答は基本的に著作権で守られません。なぜなら、著作権が守るのは、「人」が表現したものだけだからです。「人」以外が表現したものは守られません。たとえば、鍾乳洞など自然によって表現されたものは守られません。これと同様に、「ChatGPT」というAIがつくった回答も「人」が表現したものではなく、著作権で守られません。

ですが、人が「ChatGPT」を道具として使ってストーリーをつくる場合はどうでしょうか。たとえば、人が「ChatGPT」にかなり具体的なストーリーに関する指示をして、その指示に基づいて、「ChatGPT」が作った内容を人が修正したり、補ったりする作業をくりかえしてできあがったものは、どうでしょうか。これだけの「人」による関与があれば、「人」が表現したものとして著作権で守られます。

レポートと著作権について

　レポートの内容は、著作権で守られます。みなさんがつくったレポートは立派な著作物なのです。だれかが勝手に利用すると、著作権侵害になります。

　ただ、レポートのどの部分が著作権で守られるかは知っておくべきです。著作権は、レポート中のアイデアを守るものではありません。「ChatGPT」の活用方法について、おもしろいアイデアが記載されていたとしても、そのアイデアは著作権で守られません。このアイデアを守るのは「**特許法**」（特許権）です。

　著作権が守るのは、表現の部分です。個性的な文章表現は著作権により守られますし、わかりやすい図や表にして表現した部分も守られます。

　そうなってくると、みなさんが参考にした（他人の）本も著作権で守られていて、これを勝手に使うことはできないのでしょうか？

「もっと　詳しく説明すると…（その2）」➡ 152 ページ参照

　ご安心ください。著作権法は、学校の授業の過程で他人の著作物を使う場合、著作権侵害にならないという「**規定**」を置いています。

　また、著作権法は、他人の著作物を「引用」によって使う場合も、著作権侵害にならないとしています。

　さらに、本に記載の表現をそのまま使うのではなく、本のアイデアを別の表現で使う場合も著作権侵害ではありません。この場合、本のアイデアを利用しているにすぎないところ、アイデアは著作権で守られていないからです。

「もっと　詳しく説明すると…（その3）」 ➡ 152ページ参照

休日編①
とある児童の日常生活

1

大好きなアニメ！ 録画って問題ない？

アニメをみる

8：00

　カエル君は「カエル探偵ケロケロ」のアニメが大好きで、毎朝8時に欠かさずアニメの放送をみています。アニメを見逃さないように毎回録画もしています。アニメの著作権はどのように守られているのでしょうか。

アニメの著作権はどのように守られているの？テレビ放送されたアニメを録画することは問題ない？

アニメや漫画のキャラクターを手書きしてSNSにのせてもよいの？

アニメの著作権はどのように守られているの？　アニメを録画することは問題ない？

　みなさんが普段目にしているアニメ。実はたくさんの方々の権利で守られているのです。

　まず、アニメの原作となるマンガを書いた漫画家さんにはマンガの「**著作権**」があります。漫画家さんは、マンガを出版している出版社（集英社や小学館など）と出版についての契約をしており、出版社が著作権を持っている場合も多いです。

　マンガを原作としたアニメを作って、放送する場合、アニメを作った会社にアニメについての著作権があります。さらに複雑な話をすると、アニメの音楽についてミュージシャンやミュージシャンが所属している会社に著作権があり、アニメの声優さんには「**著作隣接権**」という権利が認められています。

　このように、アニメにはいろいろな人や会社が権利を持っていることになります。そのため、アニメの製作に関係する人たちは、アニメ製作委員会というものを作って、著作権を管理することが多いです。

第三部　休日編❶──とある児童の日常生活

「もっと　詳しく説明すると…（その1）（その2）」 ➡ 152、153 ページ参照

アニメは多くの方の著作権で守られているため、アニメのデータをYouTubeなどの動画投稿サイトにアップロードすることや、アニメやマンガの画像をXやFacebookなどのSNSにアップロードする行為は著作権の侵害になります。

　それでは、テレビ放送されているアニメを録画しても著作権を侵害しないのでしょうか？　じつは、テレビ放送されているアニメを録画して家庭内で楽しむことは法律で許されています。これを「**私的使用**」といいます。

　著作権で守られているものを自分や家族の中で使うことができます。

アニメ

Blu-ray Disc

マンガ

「もっと　詳しく説明すると…（その3）」 ➡ 153ページ参照

アニメや漫画のキャラクターのイラストを描いてSNSにのせてもよいの？

アニメのキャラクターのイラストを描いてSNSにのせている人が多いですが、この行為は著作権を侵害するのでしょうか？

キャラクターの画像についても著作権で保護されています。なので、キャラクターのイラストをアニメやマンガから書き写してSNSで公開してしまうと著作権の侵害になるおそれがあります。

ここで難しいのは、他人からみてどのキャラクターを描いたか分からないような場合、著作権の侵害にはあたらないのです。たとえば、サンリオの「けろけろけろっぴ」の絵を描いてSNSにのせた場合、「けろけろけろっぴ」の絵なのか、ただのカエルの絵を描いただけなのか他人が判断できない場合、著作権侵害にあたらないことになります。

　このように絵が下手な人ほど著作権侵害にあたらないという不思議なことになるのですが、その判断は専門家でも難しいです。

　学校の文化祭などのイベントでキャラクターのイラストを看板などに描いていることがあります。著作権法は、学校の授業に必要な範囲で、他人の著作物を利用することを認めており、学校の文化祭や運動会は授業の一部といえます。なので、学校の文化祭や運動会でキャラクターのイラストを黒板に描くことは許されています。それでも、イベントが終わった後も飾っておくことまでは許されていないので注意しましょう。

これは「やっていいこと?」「悪いこと?」

SNSのアイコンにアニメのキャラクターの画像を使ってよい?

　アニメのキャラクターの画像は著作権で守られています。これを許可なしでアイコンに使うと著作権侵害になります。

　アニメのキャラクターの画像をスマホの待ち受けにすることは、「私的使用」という著作権侵害の例外として許されますが、アイコンとしてSNSなどで公開する行為はダメです。

2

9：00

<ruby>本<rt>ほん</rt></ruby>をコピーしてもいい？

<ruby>宿題<rt>しゅくだい</rt></ruby>をする

<ruby>朝<rt>あさ</rt></ruby>9<ruby>時<rt>じ</rt></ruby>、アニメを<ruby>見<rt>み</rt></ruby><ruby>終<rt>お</rt></ruby>わったカエル<ruby>君<rt>くん</rt></ruby>は、<ruby>中学校<rt>ちゅうがっこう</rt></ruby>の<ruby>宿題<rt>しゅくだい</rt></ruby>にとりかかりました。<ruby>宿題<rt>しゅくだい</rt></ruby>について、カエル<ruby>君<rt>くん</rt></ruby>は、いろんなことにギモンがわいてきました。

<ruby>復習<rt>ふくしゅう</rt></ruby>するために<ruby>国語<rt>こくご</rt></ruby>や<ruby>算数<rt>さんすう</rt></ruby>の<ruby>宿題<rt>しゅくだい</rt></ruby>の<ruby>本<rt>ほん</rt></ruby>をコピーして<ruby>使<rt>つか</rt></ruby>ってもよいのかな？<ruby>図書館<rt>としょかん</rt></ruby>の<ruby>本<rt>ほん</rt></ruby>をコピーして<ruby>使<rt>つか</rt></ruby>ってもよいの？

そういえば<ruby>私<rt>わたし</rt></ruby>がこの<ruby>前<rt>まえ</rt></ruby><ruby>書<rt>か</rt></ruby>いた<ruby>読書感想文<rt>どくしょかんそうぶん</rt></ruby>は<ruby>著作権<rt>ちょさくけん</rt></ruby>で<ruby>守<rt>まも</rt></ruby>られているのかしら？

宿題の本も著作権で保護されているの？その本をコピーして使ってもいい？

国語や算数、英語などの宿題の本も著作権で守られています。だから、本をコピーすることは著作権の侵害にあたります。

ただし、宿題の本を自分の復習のためにコピーして使うことは、「私的使用」といって、法律で例外的に許されています。コピーしたものを友達に配ったり、インターネットで公開することまでは許されていません。

図書館で貸し出している本について、自分の勉強のために、一部をコピーして使うことも許されています。でも、自分の勉強のためでも本の全部をコピーすることは禁止されていて、最大半分くらいまではコピーしてよいといわれています。

その他に、学校の先生が授業や試験問題に使う目的で、教科書や本をコピーして必要な範囲で使うことも、「**例外的にOK**」です。

このように著作権法では、個人の権利を守るためだけではなく、みなさんの学習のためや、文化の発展のためなど、社会全体の利益になるような決まりが置かれています。

読書感想文も著作権で保護されているの？

みなさんが一生懸命考えて、自分で書いた読書感想文は、著作権で守られています。そのため、他の学校の人があなたの読書感想文を書き写して提出した場合は、著作権侵害にあたりますので、みなさんは、その人が出した読書感想文の提出や公開を止めさせるようにいうことができます。

逆に、みなさんが他人の読書感想文をそのまま書き写して学校に提出した場合は、他人の著作権を侵害する行為にあたりますので絶対にやめましょう。この先高校や大学に進学した場合でも、他の人の論文を書き写した場合は、著作権侵害になることはもちろんのこと、あなたの信用が大きく傷つくことになります。

ただし、他の人の文章を書き写すのではなく、正しい方法で「引用」することは、著作権法で許されています。引用するためのルールは次の4つです。

・引用している部分と自分の文章を明確に区別していること（たとえば、引用している部分にカギカッコをつける）

・引用している部分が作品全体の主な部分ではないこと（たとえば、引用部分の分量が少なく、自分の文章がほとんどである場合）

・引用している文書の作者、本・新聞などの名前を記載していて、どこから利用したのかわかること

・必要な範囲の引用であること（全部の引用は原則NG）

引用をする場合は、正しいルールを守って行うようにしましょう。

また、他の人の書いた読書感想文をそのまま書き写すのではなく、文章の書き方や流れを参考にするなど、表現ではなく、アイデアを参考にすることは著作権侵害にあたりません。

これは「やっていいこと?」「悪いこと?」

AIを使って学校の読書感想文やイラストの宿題を作って提出していいの？

AIの回答をそのまま提出することはしてはいけません。

最近では、ChatGPTなどのAIに対し、「宿題をやって」「読書感想文を書いて」などと言うと、回答をしてくれるようになりました。著作権の話をしますと、AIは機械学習として、誰かの書いた文章やデータを取り込んで回答するような仕組になっています。そうすると、「読書感想文を書いて」と指示をすると、誰かの書いた読書感想文の文章がそのまま出てくる可能性があります。そのようにして作成された読書感想文を提出した場合、AIが回答したからといっても、読書感想文を提出した人が他人の著作権を侵害していることになる可能性が高いので注意が必要です。

これはやってはダメだね！

ゲーム実況の動画は誰でも作れる？

ゲームをする

10：00

朝10時、宿題も終わったので、カエル君はゲームをやることにしました。カエル君のお気に入りのゲームはYouTubeのゲーム実況動画でも人気です。YouTubeのゲーム実況動画がゲーム会社の著作権を侵害していないか気になりました。

> YouTubeのゲーム実況動画ってゲーム会社の著作権を侵害していないのかな？

> ゲームのあらすじや攻略方法をブログに書いて公開してもよいのかな？

YouTubeのゲーム実況動画って ゲーム会社の著作権を侵害していないの？

ゲームの映像や音楽は著作権で保護されています。ゲーム会社の許可なしに、ゲーム動画をYouTubeにアップロードすることは著作権侵害にあたります。

もっとも、ゲーム実況動画については、投稿動画を見た人が、ゲームがおもしろいと感じることで、そのゲームを買うことがあります。そのため、ゲーム会社の多くは、ゲーム実況動画の投稿について、「**ガイドライン**」を作って、ガイドラインに従って利用することを認めています。ゲームの実況動画をYouTubeにアップロードする場合は、ゲーム会社のガイドラインを守るようにしましょう。

　ガイドラインでは、アップロードできる部分が限定されていたり、自主的に「ネタバレあり」の表記をするよう求められていることがあります。

ガイドラインを
守ろう！

ゲームのあらすじや攻略方法をブログで書いて公開してもよい？

著作権は、文章や動画など表現されたものを保護する権利です。そのためゲーム動画の大まかなあらすじや攻略方法は著作権で守られていません。

たとえば、「魔王が村を滅ぼしたので、復讐のために勇者が魔王を倒しに行く」という大まかなあらすじは著作権で保護されません。しかし、詳細なあらすじとなると「著作権」の保護の対象になるとされています。

そうすると、どこまでが大まかなストーリーなのか？　ということに疑問が出てくると思います。この点については、実は専門家でも判断が難しいです。一例としては、2～3行程度で

「もっと　詳しく説明すると…（その6）」 ➡ 154ページ参照

第三部　休日編❶　とある児童の日常生活

簡単な内容のものであれば著作権侵害にならず、詳しい要約を書いてそれを読めば作品全体のストーリーが分かってしまうものは著作権侵害にあたるといわれています。

　ゲームの攻略方法については、ゲーム自体を表現したものではないので、攻略方法をまとめたサイトを作っても著作権を侵害しません。

これは「やっていいこと?」「悪いこと?」

ゲームのキャラクターを使った同人誌を作って、コミケで販売してよい?

ゲームファンブック

一冊 100円　一冊 150円　一冊 300円

　ゲームのキャラクターについても著作権で守られています。

　また、ゲームの著作権者は、自分の作品（著作物）を

無許可で変えられないようにする権利や、自分の作品を編集するなどして新しい別の作品を作り出す権利を持っています。

　同人誌の製作と販売については、日本の文化となっているため、著作権者が放置していることが多いですが、厳密にいうと著作権侵害にあたりうる行為です。

　漫画家さんが、自己のキャラクターを同人誌に利用することに関する、ガイドラインを出すことも増えてきました。こうしたガイドラインを守っていれば、安心して同人誌を作ることができます。まずは、作品の公式ホームページなどでガイドラインを確認しましょう。

ホームページもみてみよう！

4

写真を撮ろう！　気をつけることは？

動物園に行く

11：00

午前 11 時、カエル君は、友達と約束していた動物園に行くことにしました。そこでも著作権について気になることがたくさんありました。

動物園の動物の写真を撮ってSNSにあげてよいのかな？

水族館のイルカショーの動画をSNSにあげてもよいかな？

動物園の動物の写真を撮ってSNSに あげてよい？

　動物や植物（イラストは除きます）は著作権で保護される対象ではありません。そのため動物や植物の写真を撮影したり、その写真をSNSにあげたりしても著作権侵害にはなりません。

今日は動物園に
行きました。
楽しかったです。

　しかし、著作権侵害にならない場合も、撮影した動物や植物の写真を自由に使えない場合があります。

動物園や水族館に入るときにみなさんは入場券を購入していると思います。実はそのときに、入場するためのルールが示されていて、入場券を買って入場する際にそのルールを守ることを約束しています（ルールのことを「約款」や「利用規約」といいます）。ルールの中に、動物や植物を撮った写真を使ってはならないことやさらに厳しい約束が書かれている場合があります。

　たとえば、和歌山県にある、動物園・水族館・遊園地が一体になったテーマパークであるアドベンチャーワールドでは、施設内で撮られた写真やビデオなどを、お金を得る目的で使う場合は、アドベンチャーワールドの事前の許可が必要とされています。みなさんが友達に見せるためにアドベンチャーワールドで撮った写真をSNSにあげることは許されますが、YouTubeなど広告収益が入るサイトで動画をアップロードする場合はアドベンチャーワールドの事前の許可が必要です。

水族館のイルカショーの動画を SNS にあげることはしてもよい？

　動物それ自体は著作権で保護される対象ではありません。しかし、イルカショーなどのショーには音楽が使われていることが多く、音楽には当然著作権がありますので、音楽が使用されているショーの動画を SNS で公開してしまうと著作権侵害にあたります。

　音楽が使用されていないショーについては、著作権で保護されるかどうかは争いの余地がありますが、通常は、施設ごとにルール（利用規約）があるので注意が必要です。アドベンチャーワールドの例でいえば、施設内で撮られた写真やビデオ等の映像を、お金を得る目的で使う場合は、アドベンチャーワールドの事前の許可が必要とされています。だから、音楽が使われていないアニマルショーの動画については、みなさんが YouTube など広告収益が入るサイトで動画をアップロードする場合はアドベンチャーワールドの事前の許可をえる必要があります。

これは「やっていいこと?」「悪いこと?」

動物園ではなく、音楽のコンサートやスポーツ観戦の写真や動画を撮影してSNSにアップロードしてもよい?

　音楽のコンサートについて録音や録画したり、撮影した動画をインターネットで公表することは著作権侵害にあたります。一方で、「スポーツのプレー」については、著作権で守られないとされています。そうすると、スポーツのプレーを無断で録画したり、SNSにのせたりする行為は適法に行えそうです。

　しかし、通常は音楽のコンサートの場合だけでなく、スポーツ観戦の場合も、チケットを購入するときに、録音や録画の機械の持ち込みや、録音や録画は禁止されています。そのため、スポーツ観戦についても、施設に無

「もっと　詳しく説明すると…(その7)」 ➡ 154ページ参照

断で録音や録画をしたり、それを SNS にのせる行為は
禁止されていると考えた方がよいでしょう。

SNS にのせる行為は
禁止されていると
考えた方がいいね

5

12：30

キャラ弁の写真をみんなにみせたい！
お弁当を食べる

昼12時30分、カエル君は、お母さんの作ってくれたお弁当を食べました。お弁当はお母さんの作ったキャラ弁で、カエル君の大好きなアニメのキャラクターがデザインされています。

アニメのキャラクターの キャラ弁を作ることは 大丈夫？ SNSに写真を アップロードすることは OK？

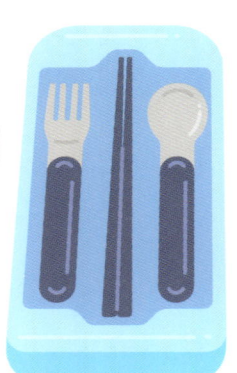

キャラ弁やキャラクター ケーキを売ることは できるの？

キャラ弁を作ることは大丈夫？ SNSに写真をアップロードすることはOK？

アニメやマンガのキャラクターの画像は著作権で保護されていますので、アニメのキャラクターのデザインをしたキャラ弁を作る行為は、著作権侵害にあたる可能性があります。もっとも、お母さんが子供のお弁当としてキャラ弁を作ることについては、「私的使用」という例外にあたり、著作権侵害にあたりません。

一方で、キャラ弁の写真を撮ってSNSにアップロードすることは、「私的使用」の範囲を超えることになりますので、著作権の侵害にあたってしまいます。

とはいうものの、キャラ弁はそのキャラクターやアニメのファンが作るものなので、SNSでの公開については著作権者が事実上放置している場合が多いです。

ファン活動を超えて、キャラ弁の販売などの営利目的（お金儲け目的）でSNSの投稿を行うとなると、著作権者も放置することなく、著作権侵害といわれる可能性が高くなります。

アニメやマンガのキャラクターは著作権で保護されています
ので、アニメのキャラクターのデザインをしたキャラ弁やケー
キを作り、売る行為は、著作権侵害にあたります。

実際に「鬼滅の刃」のキャラクターのケーキを著作権者に無許可で販売していた方が著作権法違反で刑事処罰を受けました。

これはお客様からの注文を受けて作った場合も変わらず、著作権の侵害となります。

「カエル探偵ケロケロ」で
バースデーケーキを
作ってもらった！

これは「やっていいこと?」「悪いこと?」

他の人の本にのっているレシピを自分のブログにのせても大丈夫?

　本のコピーそのものをブログにのせることは著作権侵害になりますが、レシピの内容をブログにのせることは著作権侵害とはなりません。

　著作権とは、あくまで表現を保護するものであり、アイデアを保護するものではありません。レシピのようなアイデアを一人の人に独占させてしまうと、社会全体の利益につながりません。

　なので、他の人の本やブログに書いてあるレシピを自分のブログにのせたり、そのレシピを使った料理動画をYouTubeなどの動画投稿サイトにのせることは著作権

侵害とはなりません。

　ただし、レシピの説明文の表現が特徴的な文章を使っているような場合は、その表現をそのままブログにのせてしまうと著作権侵害になってしまいます。著作権で保護されない範囲は、あくまで料理の材料や手順についてのアイデア部分ということになります。

そうなんだぁ

6

キャラクターグッズを写真に撮ってもいい?

キャラクターショップ 17：00 に行く

夕方5時、カエル君は、キャラクターショップに行き、友達と買い物を楽しんでいます。

> キャラクターグッズを買って、写真を撮ってSNSにアップロードしてよいのかな?

> キャラクターショップのお店の写真を撮ってSNSにアップロードしてよいのかな?

キャラクターグッズの写真を撮ってSNSにアップロードしてよいの？

　キャラクター入りのグッズのキャラクターの絵も著作権で守られますので、購入したキャラクター入りグッズの写真をSNSにアップロードする行為は著作権侵害となる可能性があります。

キャラクターグッズと自分が両方写り込んだ写真で、自分の写真がほとんどの部分であり、キャラクターグッズの写真がメインではない場合には著作権侵害とはなりません。

また、キャラクターグッズ（正規品）を売るために、自分が撮影した写真をオークションサイトにのせることも、著作権法で許されています。

このほか、キャラクターグッズの写真をスマホの待ち受け画面に使う行為も「私的使用」として許されています。

　キャラクターグッズは、キャラクターの絵の部分が著作権で守られています。このような著作権で守られているものについて、「**一度購入したものを他人に売る**」ことは許されています。オークションサイトで販売するために、グッズの写真を撮ってオークションサイトにのせることも著作権法で許されています。

　本についても、一度購入した本を古本屋で売ることも許されています。しかし、正規に購入したものであっても、購入したものをコピーしたり、インターネットで無許可で公開する行為は許されていません。

「もっと　詳しく説明すると…（その8）」 ➡ 155 ページ参照

これは「やっていいこと?」「悪いこと?」

お店に並んでいる商品の写真や動画を撮ってのせてもいい?

　鑑賞用の商品は著作物として著作権法で守られる場合があります。また、商品にキャラクターが使用されていると、キャラクターの部分が著作物として保護の対象になります。だから、著作物として守られる商品の写真や動画をウェブサイトにのせる行為は厳密にいえば、著作権を侵害する可能性のある行為となります。

　でも、商品の画像や動画がウェブサイトで投稿されることでその商品の宣伝になるため、メーカーが黙認している場合が多いです。

　他方で、お店に並んでいる商品については、お店側が

「写真はOK。SNSへの投稿は禁止」、「写真もSNSへの投稿もダメ」として禁止している場合があります。この場合は許可なしで撮影をしてSNSに投稿すると、お店側のルールに違反する行為になります。許可なしでの写真撮影やSNSでの掲載は行わないようにしましょう。

お店のルールを
確認だね

7

楽しい映画の話をみんなにしたい!

映画をみる

19：00

夜7時、カエル君は、家に帰って映画を見ています。そのとき、映画をYouTubeにアップロードして逮捕された人がいたニュースを思い出しました。

映画をYouTubeでアップロードすることや、違法にアップロードされている映画を見ることは問題?

映画の感想やネタバレをブログに書くことは問題ないの?

映画をYouTubeでアップロードすることや、それをみることは問題にならないの？

映画は著作権で守られていますので、映画をYouTubeなどの動画投稿サイトにアップロードする行為は著作権侵害にあたります。映画そのものを許可なしにアップロードすることはもちろんですが、一部をカットするなどの編集を加えても著作権侵害になります。

以前、「ファスト映画」といって、映画を短いものに編集し、ナレーションをつけるなどしてあらすじを説明する動画がYouTubeにアップロードされた事件がありました。ファスト映画を投稿していた人は、映画会社から5億円の損害賠償請求を受けるとともに、「**刑事責任**」として懲役2年、執行猶予4年、罰金200万円の判決が出されています。

「もっと 詳しく説明すると…（その9）」 ➡ 155ページ参照

第三部　休日編❶　とある児童の日常生活

それでは、このように違法にアップロードされた動画を、YouTubeなどの動画投稿サイトでみること自体は違法なのでしょうか？　まず、YouTubeなど動画自体をダウンロードしない方法（「ストリーミング」といいます。）で閲覧しても、動画のデータをコピーするわけではないので、著作権侵害にはあたりません。これに対し、アップロードされた動画が違法なものと知りながらダウンロードして自分のパソコンに保存すると、違法な行為となり、刑事責任も負う可能性があります。

映画のネタバレや感想をブログに書くことは問題ないの？

映画のストーリーは著作権で守られています。
映画のネタバレを伝えることが著作権侵害になるかどうかは、どのような内容かによります。

ネタバレを読めば映画のほとんどの内容が分かるというよう

な詳しいものは、著作権侵害となる可能性が高いです。こうし

たネタバレを紹介するには、著作権者の同意が必要です。

　一方、2～3行程度のごく短い内容のものであれば、著作権

侵害の可能性は低いです。

　これに対して、「おもしろかった」、「つまらなかった」といっ

た感想をブログに書くことは著作権侵害にあたりません。映画

は、そもそも評価を受ける可能性があることが当然に予定され

たものです。視聴者にも、映画に対する意見・感想をのべる自

由が認められるべきです。ですので、「つまらなかった」とい

う感想をSNSでいうことは、まったく問題ありません。ただし、

感想の内容が出演者を誹謗中傷するものであるなど、映画の感

想の範囲を超えてしまうような場合は、名誉をきずつけること

になり、場合によっては、書き込んだ人の情報の開示を求めら

れることもありますので、注意しましょう。

これは「やっていいこと?」「悪いこと?」

映画の画面を写真に撮ったり、スクリーンショットを撮ってSNSにアップロードしてもよい?

　動画だけではなく、映画の画面の写真やスクリーンショットを撮って許可なしにでウェブサイトに投稿する行為は著作権侵害にあたります。

　映画を評価したり、紹介したりする目的で映画の一部の画像をブログやSNSにのせることが許される場合はあります。その場合は、映画名をきちんと明記すること、紹介文や感想文を長く書いて、引用であることが明らかになるような工夫が必要です。

第四部

だいよんぶ

休日編②
とある生徒の
日常生活

きゅうじつへん

せいと

にちじょうせいかつ

1

あれ？　おとうさんが…
ニュースをみる

8：00

朝8時、テレビをみていたら事故のニュースが。カエル君は、いろんなことにギモンがわいてきました。

> ニュースの内容を友だちと話すことは問題？

> ニュースのスクリーンショット画面を友だちにみせるのは？　SNSにアップロードするのはどうかな？

ニュースの内容って著作権で守られているの？

著作権で守られているのは「事実」ではなく「**表現**」です。なので、ニュースで放送されている、事故が起こった「事実」は著作権では守られません。

だから、友だちと事故の話をするのは、まったく問題ありません。

では、テレビに映る事故ニュースのスクリーンショット画像はどうでしょうか？

ニュースの映像は著作権で守られます。事故をニュース映像という形で「表現」している点が著作権で守られます。

そのため、ニュースのスクリーンショット画像をSNSにアップロードするのはやめた方がいいでしょう。

ただし、友だちにみせるのはOKです。ごく限られた範囲の個人的な使用はOKとされているのです。これを、「私的使用」といいます。友だちにスクリーンショット画面をみせる程度であれば問題ないでしょう。

「もっと　詳しく説明すると…（その1）」 ➡ 156 ページ参照

第四部　休日編❷──とある生徒の日常生活

警察に捕まった人は、犯罪が疑われているだけで、犯罪を本当にしたかどうかはまだわかりません。それなのに、名前を報道されると、世間から犯人あつかいされてしまうかもしれません。

容疑者○田○男（30）逮捕

　一方、報道により、人々はさまざまな情報を知ることができ、逮捕された人の名前を知っておきたいという人もいます。

　そこで名前の報道が許されるかどうかは、事件の重大性、捕まった人が大人か子供か・有名人か否か、有罪になる可能性がどの程度か、みんなに名前を知らせた方がいいのかなどといったことから判断されます。

たとえば、大きな事件であったり、逮捕されたのが著名人であったりすると名前が報道されやすいです。大きな事件でなかったり、逮捕されたのが少年であったりすると、「無職の男性（30代）」、「少年Ａ」などという名前を伏せた報道になりやすいです。

　なお、逮捕された人が20歳未満の場合、基本的に名前を報道できません。名前が報道されると社会から問題児とあつかわれて社会復帰がむずかしくなってしまいます。20歳未満の人は、20歳以上の人とくらべて、社会復帰への道が手厚く守られているのです。少年法という名前の法律で守られています。

別の法律も
関係するんだね

たまたま事故現場にいた父親がTVで放送されている。これって問題？

　人には、自分の容ぼうを撮影されたり、公表されたりしない権利があります。これを「肖像権」といいます。

　この権利が害されるのは、基本的にプライベートな場所（家の中など）を撮影等される場合と考えられています。

　みんなが使う道（公道）で普通に立っている姿を撮影される場合、公道はプライベートスペースではありませんので、それがテレビに映し出されても、法律上の問題はありません。

「もっと　詳しく説明すると…（その2）」 ➡ 156ページ参照

ただし、プライベートな場所ではない、海水浴場における水着姿の場合、みんなに見られたくないと思うでしょう。この場合、プライベートではない場所における姿であっても、その人が放送しても「いい」といっていないのに放送してはいけません。放送してしまうと、さきほどの「肖像権」が害される可能性が高いです。

　このように、どういった場所で、どういった姿が撮影されてテレビに映し出されたかによって、結論が変わります。

これは「やっていいこと?」「悪いこと?」

みんなが驚くような写真を撮影できた。自分のSNSで
ニュースのようにみんなに知らせていい?

　車の衝突シーンが写り込んだ写真がたまたま撮影でき
たとします。これをSNSでニュースのように知らせても、
他人の著作権を侵害するおそれはありません。
　でも、写真の内容によっては撮影された運転手に迷惑
がかかるかもしれません。運転手の名誉や肖像権にダ
メージを与えてしまう可能性があるからです。
　そのため、警察にその写真を提供してよいですが、
SNSで拡散しない方がよいでしょう。

オーロラの写真など、人の名誉にダメージを与えない
ような写真であれば、みんなに知らせて問題ありません。

人の名誉にも
気をつけないとね

2

おや、気になる投稿が…
X（旧Twitter）をみる

9：00

朝9時、Xをみていたら、共感できる内容の他人の投稿を発見。これをフォロワーに知らせたいが、カエル君は、いろんなことにギモンがわいてきました。

他人の投稿について、Xの「引用」機能を使って伝えるのはどうかな？

Xの用意する機能を使わずに、他人の投稿を自らスクリーンショットしたもので伝えるのはどうかな？

他人の投稿って著作権で守られているの？

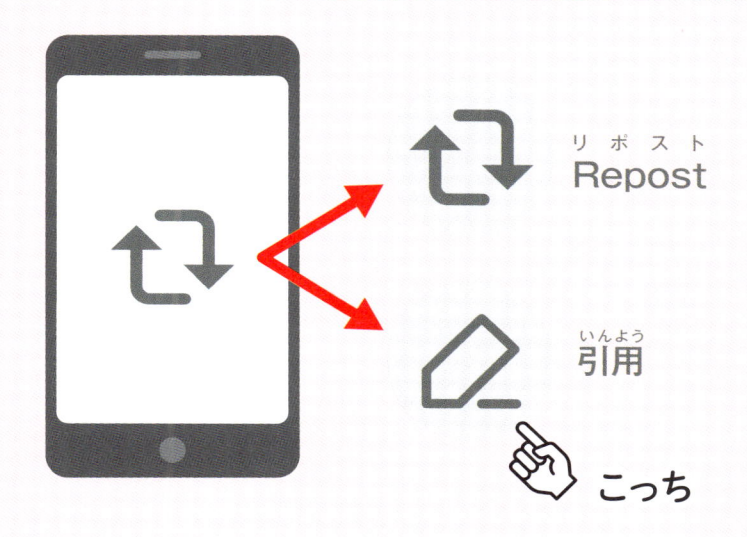

リポスト
Repost

引用

こっち

　他人の投稿が著作権で守られていなければ、著作権侵害の問題は生じようがありません。では、他人の投稿が著作権で守られているかについて、どう判断するのでしょうか。

　投稿が著作権により守られるかどうかは、投稿に「個性的な表現」があるか否かで決まります。個性的な表現があれば、著作権で守られ、それがなければ守られません。

　ごく短い他人の投稿の場合、個性的な表現がなく、著作権で守られない可能性が高いです。

　でも、「個性的な表現」というためのハードルは高くないです。なので、ごく短いとまではいえない投稿の場合、個性的な表現があるとして、著作権で守られることが多いです。

他人の投稿を引用しつつ自分のコメントをするのはOK？

　他人の投稿が著作権により守られるときは、その投稿を勝手に使ったらダメです。ただし、その他人の「許可」があれば使えます。

　この「許可」について、Xは、次のような仕組みがあります。Xでは、利用規約（ルール）に同意したユーザーについてだけ、Xの利用が認められています。このルールには、あるXのユーザーの投稿について、別のXのユーザーが、Xが認めた方法で引用等できるという内容が含まれています。

この仕組みのおかげで、Xが用意する「引用」機能を使うことで、他人の投稿が自由に利用できるようになっています。

「他人の投稿のスクリーンショットを添付する形での引用」はどうでしょうか？

　これは、Xが認める引用方法ではないです。この方法にはリスクがあります。この方法ではなく、Xのルールにしたがって引用するようにしましょう。

　なお、このスクリーンショットを使った引用がまったく認められないかというとそうではありません。Xが定めるルールとは別に、著作権法が、適法に引用するための「要件」（条件）を用意しています。この要件をみたせば、スクリーンショットを使った引用ができます。でも、この要件のハードルは高いです。他人の投稿への共感を示すためにその投稿を使うという程度では、この要件をみたすことはむずかしいです。

「もっと　詳しく説明すると…（その3）」 ➡ 156 ページ参照

第四部　休日編❷　とある生徒の日常生活

これは「やっていいこと?」「悪いこと?」

人の名誉をきずつける内容の他人の投稿をリポスト
（旧リツイート）していい?

　共感できる内容の他人の投稿があっても、人の名誉を
きずつけるものであれば、リポストするのはやめておき
ましょう。

　Xには、「引用」機能のほか、「リポスト」機能もあり
ます。リポストは、自分のコメントをつけないでフォロ
ワーに他人の投稿を知らせたいときに使われます。この
ように、リポストでは、他人の投稿に対する自分のコメ
ントはつけないですが、リポストには、その対象とした
他人の投稿に賛同するという意味合いがあると考えられ
ています。

　なので、人の名誉をきずつける内容の他人の投稿につ
いて、軽い気持ちでリポストすると、リポストした人も、

名誉をきずつける行為をしたことになりかねません。

　だから、人の名誉をきずつける内容の他人の投稿は、いくら共感できるところがあったとしても、リポストしないようにしましょう。

リポストも気を
つけないとね

さあ、楽しむぞ!
テーマパークにいく

10：00

朝10時、テーマパークにとうちゃく。パーク内の写真を撮ってインスタグラムなどに投稿しようと考えたカエル君は、いろんなことにギモンがわいてきました。

まずはお城の前で記念撮影

次に、キャラクターの写真も撮影

著作権侵害と契約違反の２つのリスクについて考えていきます。

まず、著作権侵害についてですが、テーマパークにあるお城は、著作権で守られています。そうすると、お城を撮影して、その写真をインスタグラムにアップすると、著作権侵害になるのでしょうか？

実は、著作権侵害にはならない可能性が高いです。それはなぜかというと、著作権法が、建物について、広く自由に利用できると「書いている」からです。

次に、契約違反についてです。テーマパークに入るときに、入場券を購入することが多いですよね。その際に、入場するた

「もっと　詳しく説明すると…（その4）」 ➡ 157 ページ参照

めの条件が示されて、その条件を守ることを約束した場合に限って入場できるとされていることが多いです。この条件にしたがう必要があります。この条件に反した行為をすると、契約違反になってしまいます。

このように、テーマパーク内の写真の投稿については、著作権侵害だけではなく、契約違反にも注意する必要があります。

インスタグラムに写真を投稿する前に、テーマパークのルールをしっかりと確認しておきましょう。お城の写真を投稿することが禁止されていなければ、投稿してOKです。

キャラクターの写真をインスタグラムに投稿して大丈夫？

キャラクター(絵) は著作権で守られています。

でも、著作権は、制作から70年間しかキャラクターを守りません。70年が過ぎたキャラクターは、著作権が切れていて守られません。著作権が切れていない限りは、キャラクターは、著作権で守られています。

ですので、パーク内のキャラクター(着ぐるみ) が写り込んだ写真をインスタグラムに投稿するのは、やめた方がいいです。著作権侵害のリスクが高いからです。

こうした投稿行為がテーマパークのルールによって、特別に

許されているのでなければ、投稿してはいけません。

　まとめると、お城の写真を投稿する行為は著作権侵害のリスクが低いです。一方、キャラクター（着ぐるみ）写真の投稿は著作権侵害のリスクが高いです。

　こうしたちがいから、テーマパークのルールをみるときも、お城の写真の投稿については、著作権侵害の低い行為があえて禁止されているかどうかという視点でルールをみることになります。キャラクター写真の投稿については、著作権侵害の高い行為があえてOKとされているかという視点でルールをみていくことになります。

キャラクターが少し映り込んだ動画をTikTokに投稿していい？

キャラクターの写真をインスタグラムに投稿する場合と同じように、著作権侵害の問題があります。ちがいは、キャラクターが「少し」映り込んだにすぎないという点です。

　著作権法は、ごく軽微な映り込みであれば、著作権侵害にならないと「定め」ています。

　動画中のキャラクターが偶然、一瞬だけ映り込んだにすぎないのであれば、ごく軽微な映り込みといえるでしょう。著作権侵害にならない可能性が高いです。

　他方、動画にキャラクターが大きく長く映り込んでいるときは、ごく軽微な映り込みとはいえません。著作権侵害となる可能性が高いです。

これは「やっていいこと?」「悪いこと?」

LINEで、テーマパーク内におけるキャラクターの写真を家族や特に親しい友人とシェアしていい?

楽しんできて

楽しかったよ

「もっと　詳しく説明すると…(その5)」 ➡ 157 ページ参照

家族や特に親しい友人におくる程度であれば、著作権侵害になりません。テーマパークとの契約違反にもならないでしょう。このようなシェアは可能です。

著作権法が、ごく限られた範囲の個人的なコピーは適法に行えるとしているからです。これを、「私的使用」といいます。

また、著作権法は、著作物を公衆に送信する権利（「公衆送信権」といいます。）を定めており、著作権者が「公衆送信権」を独占できることも規定しています。でも、4〜5人の少数の友だちとシェアする行為は、そもそも「公衆」への送信にあたらないと考えます。なので、さきほどの「公衆送信権」を害しないのです。

このような理由から、テーマパーク内におけるキャラクターの写真を家族や特に親しい友人にLINEでおくる程度であれば、セーフ（適法）でしょう。

記念撮影をしよう!

11：00 友人と写真を撮る

11時、友人と写真を撮ってインスタグラムなどに投稿しよう
と考えたカエル君は、いろんなことにギモンがわいてきました。

写真に通行人が
写り込んでいる。
投稿していいかな

通行人が有名人のときは
どうかな?

友だちや通行人が写り込んだ写真を SNSに投稿していい？

人には、みだりに自分の容ぼうを撮影されたり、公表されたりしない権利があります。これを「肖像権」といいます。

この権利が害されるのは、原則としてプライベートな場所（家の中など）を撮影等される場合と考えられています。テーマパークはプライベートな場所ではありませんので、テーマパーク内の友だちや通行人が写り込んだ写真をSNSに投稿しても、特に法律上の問題はありません。

通行人が有名人の場合はどうでしょうか？　この場合も、有名人の「肖像権」を害することはありません。

有名人の場合、別の問題も考えておく必要があります。有名人の肖像等には、商品の販売等をうながす顧客吸引力（客を惹

きつける力）があります。有名人には、この顧客吸引力を独占的に使う権利があります。これを「**パブリシティ権**」といいます。

パブリシティ権侵害となるのは、もっぱら有名人の肖像等が持つ顧客吸引力の利用を目的とする場合だけです。テーマパークで有名人が写り込んだ写真をSNSに投稿する行為は、通常、パブリシティ権侵害となる行為とまではいえません。

このように、プライベートな場所とはいいがたいテーマパークでの写り込みが、肖像権等の侵害となる可能性は低いです。でも、厳密には、肖像権侵害の有無は、プライベートな場所の姿かどうかだけ決まるものではありません。

たとえば、テーマパークにおける姿であっても、普通に立っている姿ではなく、他人にみられたくない格好・仕草をとらえた写真の場合、それをSNSで拡散するのはやめた方がいいです。肖像権侵害のリスクがあるからです。

どうしてもSNSに投稿したいときは、写真中の他人の顔をモザイク等したうえでSNSに投稿するのが無難です。顔は人の容ぼうにおける重要な部分であり、人物の特定という点からも重要なので、顔をモザイク等しておけば、大丈夫でしょう。顔をモザイク等にしておけば肖像権侵害を回避できる可能性が高いです。

「もっと　詳しく説明すると…（その6）」 ➡ 157 ページ参照

これは「やっていいこと?」「悪いこと?」

有名人と一緒に、その子供も写り込んでいた場合、その写真をSNSに投稿していい?

子供にも肖像権があります。有名人の子供ということが、SNSで拡散されると、おだやかに日常生活をおくることができなくなるかもしれません。子供の肖像権を害する可能性が十分にあります。

このような写真を投稿するのはやめておきましょう。あるいは、顔をモザイク等で処理してから投稿するべきです。

お腹すいた〜、店内をながめると…
レストランで食事

12：30

昼12時30分、カエル君は、レストランで食事中、店内のいろいろなものが、著作権で守られているか気になってきました。

料理、メニュー表、内装って著作権で守られているの？

自分と料理が写るように撮影したら、店内に飾ってある絵画も写り込んでいた。この写真をSNSに投稿していい？

料理、メニュー表、内装について、なにが著作権で守られているの？

　料理自体は、基本的に著作権では守られていません。その器も、通常、著作権で守られていません。

　キャラクターの絵が表現されているお子様ランチなどは、著作権で守られることがありますが、こうした特別なことがない限りは、いくら美しくもりつけられていても、著作権では守られません。

　メニュー表について、料理名や値段がシンプルに書かれているすぎないものは、著作権で守られていません。

　一方、料理の写真がのっているメニュー表もあります。このメニュー表は著作権で守られます。料理自体は著作権で守られませんが、その料理を特定のアングルから撮影した写真は、創

作性のある撮影行為よりできあがったものとして、著作権で守られるのです。このような写真がのっているメニュー表も、その写真部分について著作権で守られるというわけです。

内装について、建物それ自体、家具（テーブル・椅子）および飾り（絵画・置物）を分けて考える必要があります。著作権で守られるかどうかは、ざっくりいうと、建物それ自体および家具（テーブル・椅子）は著作権で守られないことが多く、飾り（絵画・置物）は著作権で守られることが多いです。

まとめると、次のとおりです。

①料理・器→×（著作権で守られないことが多い）
　キャラクターの絵が表現されているお子様ランチや器は別。

②メニュー表→×（著作権で守られないことが多い）
　メニュー表中の写真は別。

③建物・家具（テーブル・椅子）→×（著作権で守られないことが多い）

④飾り（絵画・置物）→〇（著作権で守られることが多い）

では、自分と料理が写るように撮影をして、その写真をインスタグラムなどに投稿するのはどうでしょうか？

　料理とその器は、通常、著作権で守られていません。その写真をインスタグラムなどに投稿しても著作権侵害のおそれはなく、投稿して大丈夫です。

　写真に、店内に飾ってある絵画が写り込んでいた場合はどうでしょう？

　店内の絵画は、それがかなり古く著作権が切れているといった事情がなければ、著作権で守られています。著作権で守られている絵画を撮影し、投稿することには、著作権侵害のリスクがあります。

　ですが、本件では、絵画が写り込んだ写真を投稿しても著作権侵害とならない可能性が残っています。どういうことかというと、著作権法が、ごくわずかな写り込みによる他人の著作物（絵画等）の利用についてOKとの規定を置いているのです。

　だから、絵画が、背景として小さく写るくらいであれば、投稿して大丈夫です。

　そうではなく、絵画が大きく写り込んでいる場合は、投稿しない方がいいでしょう。この場合、侵害リスクが高いからです。

　音楽は著作権で守られているので、それを投稿するのはダメというのが原則ですが、ごくわずかな利用に限って例外的にOKとされています。そこで、ごくわずかな利用かどうかが問題となります。

　動画投稿の目的が、BGMを聞かせる目的ではなく、店舗紹介等の別の目的によるもので、BGMの音が小さかったり、音楽の一部が入り込んでいるにすぎなかったりして、およそ音楽鑑賞の対象とはならない程度のものは、投稿して大丈夫です。ごくわずかな利用として投稿可能だからです。

　他方、店が、ジャズ喫茶といった、音楽が主な目的の店であり、音量も大きいような場合、その音楽が入り込んだ動画を投稿するのはやめた方がいいです。

これは「やっていいこと?」「悪いこと?」

> 高級レストランの入り口に、「撮影禁止」という表示がある。料理を撮影したり、撮影した料理をSNSにあげたりしていい?

料理自体は、基本的に著作権で守られていません。なので、料理を撮影し、それを投稿しても著作権侵害にはならないです。

しかし、契約違反となるリスクがあります。高級レストランが、はじめての特別な体験をしてもらうために、来店してはじめて料理をみることができることにこだわり、料理等の撮影を禁止していることがあります。これに反して料理を撮影し、SNSに投稿すると、契約違反や「**施設管理権**」を侵害するおそれがあるのです。

撮影禁止と表示されているレストランでは、写真撮影をしてはいけません。

「もっと　詳しく説明すると…（その7）」 ➡ 157ページ参照

6

コレクションをみて楽しもう!

17：00 趣味の時間

夕方5時、趣味で集めている文房具や漫画本をみていたら、カエル君は、いろんなことにギモンがわいてきました。

文房具や漫画本って著作権で守られているの？

文房具や漫画本の写真をSNSに投稿して大丈夫？

文房具や漫画本の写真を、SNSで公開しようと思っている。問題ある？

文房具は基本的に著作権で守られていません。漫画本は著作権で守られています。

文房具の形状は、著作権ではなく、「**意匠法**」という別の法律で守られるのです。だから、著作権侵害の問題とならないのです。

でも、文房具がキャラクターグッズの場合は、別に考える必要があります。キャラクター（絵）は著作権で守られるからです。キャラクターグッズの場合、グッズ中のキャラクター部分は、著作権で守られることになります。

まとめると、文房具の写真をSNSに投稿するのは基本的にOKです。文房具は基本的に著作権で保護されていないからです。

第四部　休日編❷ ── とある生徒の日常生活

「もっと　詳しく説明すると…（その8）」 ➡ 158ページ参照

意匠権の話をしましたが、文房具（本物）の写真を投稿するだけで、意匠権の侵害となることもありません。

　しかし、文房具にキャラクターが付されている場合は、そのキャラクター入り文房具の写真を投稿するのはやめた方がいいです。キャラクター部分が著作権で保護されていて、著作権を侵害する可能性があるからです。漫画本の写真を投稿するのもやめた方がいいです。

　では、キャラクター入り文房具や漫画本を売るために投稿するのはどうでしょうか？

　これはOKとされています。著作権法が、本物の商品を販売するにあたり、商品の内容を示すのに「**必要な範囲**」で、商品写真を投稿できるとしているからです。

　なお、販売目的であっても、漫画本の中身まで投稿することは、必要な範囲を超えるのでアウトです。

これは「やっていいこと?」「悪いこと?」

文房具に付されたブランドロゴが写った写真を SNS に投稿していいかな?

　大丈夫です。ブランドロゴは、基本的に著作権で守られるものではありません。ブランドロゴは、「**商標法**」という別の法律で守られるべきものと考えられています。なので、他人のブランドロゴが写った写真を SNS に投稿することが、著作権侵害となることは基本的にありません。

「もっと　詳しく説明すると… (その 10)」 ➡ 158 ページ参照

7

好きなドラマが始まる時間だ!

テレビドラマをみる

夜7時、テレビドラマをみていたカエル君は、いろんなことが気になってきました。

テレビドラマの小道具で本が使われているけど、大丈夫なの？

？

外国の本のときは、どうなるんだろう？

小道具として、本が使われているけど、問題はないの？

本の中身は著作権で守られていますし、本の表紙も著作権で守られる場合があります。

とはいえ、本の表紙が小さく映るにすぎない程度であれば、著作権侵害とはなりません。問題なく使える可能性が高いです。著作権法が、ごくわずかな映り込みであれば、著作権侵害にならないとしているからです。

他方、本の中身が映ってしまうと、著作権侵害のリスクが高まります。たとえ本の中身が映っても、文字がぼやけて視聴者が文章を読めないときは、大丈夫です。この場合は、著作権侵害とはなりません。そうではなく、視聴者が文章を読めるような映し方をしてしまうと、著作権侵害のリスクが高いです。このような映し方がされている場合、通常、本を作った人から事前の許可をとったうえで放送されているはずです。そうでなければ、著作権侵害をしていることになってしまいます。

では、その本が外国の本であるときはどうなるのでしょうか？外国の本でも考え方は同じです。

　日本を含む世界中の多くの国が「ベルヌ条約」に入っています。この条約に入っている国の国民が作った著作物は、条約に入っているいずれの国でも守られると約束されています。そのため、外国の人が外国で作った本についても、日本の著作権法で守られます。こうしたわけで、外国の本に関する著作権侵害について、日本の本と同じように考えることができるのです。

　なお、この条約があることで、逆に、日本の本などの著作物も、アメリカなどの外国で守られることになっています。

ドラマのあらすじ紹介をSNSに投稿していい？

　テレビドラマのストーリーは著作権によって守られています。そのあらすじを伝えることが著作権侵害になるかどうかは、どの程度のあらすじかによります。

　ダイジェスト（要約）のようにそれを読めば作品のあらまし

が分かるというような詳しいものは、著作権侵害のリスクが高いです。こうしたあらすじを紹介するには、著作権者の了解が必要です。

　一方、2〜3行程度のごく短い内容のものであれば、著作権侵害のリスクが低いです。

　結論は、上記のとおりです。でも、テレビドラマのストーリーが著作権で守られているのに、そのあらすじを伝えても著作権侵害にならない場合があるというのは不思議ですよね。この背後には、次のような考え方があります。

　「高校生が登場するラブストーリー」というストーリーについて著作権による保護を肯定して独占を認めてしまうと、誰も、「高校生が登場するラブストーリー」に関するアニメや本を作れなくなってしまいます。これが、文化の発展のためにならないことはあきらかです。そこで、このような抽象度の高いストー

リーは、「アイデア」であり、著作権が守るべき「表現」ではないと整理されています。

　もう少し具体化した「高校生の男女が登場し、男女のからだが入れかわるという謎の現象がおきるラブストーリー」だとどうでしょうか？　これもまだ「アイデア」にとどまります。ただ、具体化したことで独占させても悪影響が少ない「表現」に近づいてきました。

　このように「アイデア」が具体化されていくと、どこかで「表現」のレベルに到達します。この具体化された「表現」というべきものを勝手に使った場合にはじめて著作権侵害となるのです。「アイデア」段階にとどまるものを勝手に使っても著作権侵害にならないのです。

　以上のような理由から、2～3行程度のごく短い内容のあらすじであれば、テレビドラマのストーリーにおける「アイデア」をまとめたにすぎないと考えられます。だから、著作権侵害のリスクが低いのです。一方、ダイジェストのようにそれを読めば作品の内容が分かる詳しいものは、テレビドラマのストーリーにおける「表現」を勝手に使ったものといえます。だから、著作権侵害のリスクが高いのです。

これは「やっていいこと?」「悪いこと?」

ドラマをみたあとに、「おもしろくなかった」という感想をSNSでいっていい?

ドラマみた?

昨日みた

おもしろく
なかった

　SNSで、テレビドラマに対するネガティブな感想をいう場合、ドラマ制作者などの信用にダメージを与える行為であるとか、名誉をきずつける行為であるとかいわれるかもしれません。しかし、テレビドラマは、そもそも批判的な評価を受ける可能性があることが当然に予定されたものです。視聴者にも、テレビドラマに対する意見・感想をのべる自由が認められるべきです。なので、「おもしろくなかった」という感想をSNSでいうことは、まったく問題ありません。

8

どんな動画が投稿されているかな…

YouTube をみる

20：00

夜8時、YouTube をみていたら人気YouTuber の切り抜き動画が目にとまった。カエル君は、いろんなことにギモンがわいてきました。

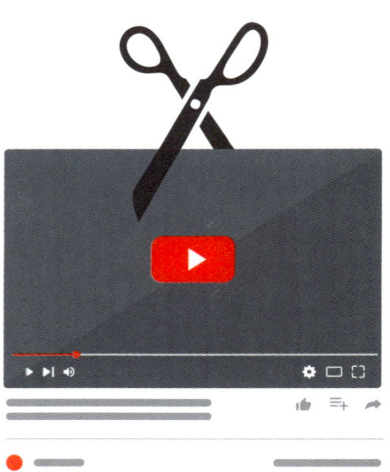

切り抜き動画の著作権ってどうなっているの？

「歌ってみた」動画も気になる。音楽を勝手に使っていいの？

切り抜き動画の著作権ってどうなっているの？

切り抜き動画ってそもそもなに？　という方もいると思います。

人気YouTuberの動画が長い場合、そのエッセンスを短時間で知りたいというニーズがあります。長時間の動画をみることができない人でも、重要なシーンや特におもしろいシーンだけがピックアップされていることで視聴することがあります。こうした理由から、動画の一部を切り抜いて再編集した、いわゆる切り抜き動画があります。この切り抜き動画は、人気YouTuber自身が作るわけではなく、赤の他人が作って投稿する場合が多いです。

さて、YouTuberの動画は、著作権で守られています。これを、そのYouTuberの許可なく、ダウンロードし、編集し、投稿する行為は、本来的には著作権侵害となる行為です。

切り抜き動画を使ってお金を稼ぐときは、人気YouTuberの有する顧客吸引力（客を惹きつける力）を勝手に使うものと評価できます。この行為は、人気YouTuberの「パブリシティ権」を害する可能性もあります。

それでは、なぜこれだけ切り抜き動画の投稿が存在するのでしょうか？

　人気YouTuberの中には、切り抜き動画を認めている方々がいます。この切り抜き動画に関する収益は人気YouTuberに配分される仕組みとなっています。だから、人気YouTuberにとっても、他人の切り抜き動画を認めることにはメリットがあるのです。配分率は、YouTuberごとで異なります。

　切り抜き動画を一定の条件のもとで認めているYouTuberは、「2ちゃんねる」の創設者である「ひろゆき」氏、「ホリエモン」氏、メンタリスト「DaiGo」氏、「東海オンエア」などです。

　なお、人気YouTuberの「ヒカル」氏は、過去、切り抜き動画を広く認めていましたが、今ではYouTubeにおける切り抜き動画を禁止しています。あくまでYouTubeにおける切り抜き動画の禁止であり、TikTokへの切り抜き動画の投稿は認めているようです。

　切り抜き動画の作成・投稿にあたり、ルールを決めている人気YouTuberもおり、ルールがある場合はそれにしたがう必要があります。

「歌ってみた」動画は大丈夫なの？

　歌詞・楽曲は、著作権で守られています。そのため、著作権者の許可なしで使うことはできません。

　それにもかかわらず、「歌ってみた」動画がYouTubeで数多く投稿されています。これは、次のような仕組みによるものです。

　歌詞・楽曲の著作権は、JASRAC（日本音楽著作権協会）やNexToneなどの著作権管理団体が管理しています。作詞家や作曲家の了解のもとで管理しているのです。

　これらの管理団体とYouTubeが、歌詞・楽曲の包括的な利用許諾契約をしています。YouTubeのユーザーが、管理されている歌詞・楽曲を、一定の条件のもとで自由に使えることを認める内容の契約です。

　このような仕組みによって、YouTubeと契約している著作

権管理団体が管理している歌詞・楽曲を、YouTubeの定める

ルールにしたがって使うことができるようになっているのです。

　ただし、音源は、自由に使えません。

　著作権管理団体は、歌詞・楽曲に関する権利を管理していま

すが、音源に関する権利を管理していないからです。音源に関

する権利を管理しているのは、通常、レコード会社であるとこ

ろ、レコード会社は、YouTubeと包括的な利用許諾契約を結

んでいません。

　音源については、レコード会社が「歌ってみた」動画用の音

源をHPで公開していないか調べたり、自分で演奏したり、演

奏できる人に協力してもらったりする必要があります。

これは「やっていいこと?」「悪いこと?」

X(旧Twitter)でも、YouTubeと同じように、YouTubeのルールにしたがえば、歌詞・楽曲を自由に使っていいの?

Xは、JASRAC(日本音楽著作権協会)等と包括的な利用許諾契約をしていません。Xで、JASRACが管理する歌詞・楽曲を利用するには、①JASRACに個別の利用申請をしたり、②YouTubeで投稿した動画のURLをXにはりつけたりする必要があります。音源の使用について、レコード会社などからの許可が必要な点は、YouTubeと同じです。

なるほど

もっと

詳しく説明すると・・・

もっと 詳しく説明すると・・・

第二部

その1
引用の要件

著作権法 32 条 1 項は、①公表された著作物について、引用できる場合があるとし、その引用は、②公正な慣行に合致するものであり、かつ、③報道、批評、研究その他の引用の目的上正当な範囲内で行なわれるものでなければならない、とします。①②③のすべての「要件」をみたせば、適法に引用できます。

その2
特許法

「特許法」は、発明等について定める法律です。特許庁に特許出願をして、登録されることで特許権という権利が発生することなどが規定されています。著作権は、登録なしに創作と同時に権利が発生しますが、特許は、登録されてはじめて権利が発生するのが、大きなちがいです。

その3
授業での利用

著作権法 35 条 1 項は、学校の授業の過程における利用に供することを目的とする場合、必要と認められる限度で、公表された著作物を複製（コピー）したり公衆に送信したりすることができると「規定」しています。

第三部

その1
著作権

著作権は様々な権利が集まってできた権利で、ブドウの房のようなものです。様々な権利の 1 つ（ブドウの実）として、複製権や公衆送信権という権利があります。

複製権とは、他の人の作品を勝手にコピーしたり、パソコンにダウンロードすることを禁止する権利です。

公衆送信権とは、インターネットなど公衆に向けて音楽や動画などを公開する行為を禁止する権利です。

たとえば、マンガや雑誌をコピーして友達に渡したり、友達に渡す目的でスキャンしてデータにすることは、複製権の侵害にあたります。

スキャンしたデータをインターネットで公開することは公衆送信権の侵害にあたります。

その2
著作隣接権

著作権法では、著作権という権利の他に、作品伝達に関わる人達を守るための「著作隣接権」という権利が認められています。

たとえば、アニメについては、アニメの声優さんのアフレコの部分について声優さんに著作隣接権が認められます。また、アニメを放送したテレビ局（フジテレビやテレビ東京など）にも著作隣接権が認められます。

テレビ放送されたアニメのデータを勝手に動画投稿サイトにアップロードすることは、漫画家さんやアニメの製作会社だけではなく、声優さんやテレビ局の著作隣接権を侵害していることになります。

その3
私的使用

著作権法30条1項は、著作物について、個人的にまたは家庭内その他これに準ずる限られた範囲内において使用することを目的とするときは、適法に複製（コピー）できる、とします。

その4
著作物を利用できる場合

私的使用の場合や、図書館でのコピーの場合以外にも、著作権を許可なく利用できる場合があります。

たとえば、学校の文化祭や行事などで無料で映画や劇を上映する場合や、無料で音楽を演奏して発表することも例外的に著作権侵害にあたりません。

図書館で本やDVDを無料で貸し出し

ているのもこの例外の１つです。このようにして、著作権法は、個人の利益だけではなく、社会全体の利益を守っているのです。

その5

ガイドライン

ゲーム実況に動画を使う場合のガイドラインを「約款」や「利用規約」と呼ぶことがあります。ゲーム会社も、ゲーム実況に動画を使いたい人全員と契約書を結んでいる時間もないため、あらかじめ皆さんに守ってほしいルールを決めてガイドライン、約款、利用規約としてインターネットで公開しています。

その6

著作権（翻案権）

他の人が作った作品を真似して（パクって）新たな作品を作り出すことを禁止する権利です。ただし、「真似をしたのか」、「参考にしたのか」の判断がとても難しいのですが、他の人の

作品を参考にして別の作品を作り出すことまでは禁止されていません。たとえば、「君の名は」というアニメを参考に、「高校生の男女が登場し、男女の身体が入れ替わるという謎の現象がおきるラブストーリー」という小説を書いたとしても、それだけでは翻案権侵害にあたりません。ストーリーの流れや主人公の設定など細かい部分に渡って類似している場合は、真似をした（パクった）と判断されることになります。

その7

著作権で保護される対象

著作権法では、著作権で保護する対象は、「思想または感情を創作的に表現したものであつて、文芸、学術、美術または音楽の範囲に属するもの」とされています。

たとえば、頭の中のアイデアなど、そもそも表現されていないものは著作権で保護される対象ではありません。表現がされているものであっても、文芸、学術、美術、音楽の範囲に入

らないもの（たとえば、スポーツのプレーや、単に事実を伝えるだけの文章など）は著作権で保護される対象ではありません。

その8
権利の消尽

正規で購入した著作物を、他人に自由に転売することができることを、法律用語で「消尽」といいます。一度販売すると、著作権の権利のうち譲渡する権利については消えてしまうことからこのような名前になっています。注意が必要なのは、販売によって権利が消えるのが譲渡に関する権利のみであることです。正規に購入したからといって画像を自由にウェブサイトで公開したり、コピーしたものを他人に配ったりすることはできません。

その9
民事責任と刑事責任

著作権を侵害すると、著作権を持っている人から、著作権侵害を止めろ！（例：違法にアップロードした動画を削除しろ！）という請求と、お金を払え！（例：映画をタダで見れるようにした分の映画代金を払え！）という請求ができます。これを「民事責任」といいます。これに対し、著作権を侵害された人が警察や検察官に被害届を出すことで、著作権侵害をした人に対する捜査が行われ、刑務所に入れられて一定の作業をする必要がある「懲役」という刑と、「罰金」という刑が科されることがあります。これを「刑事責任」といいます。

第四部

その1
表現

作成者の個性が発揮された表現が著作権で守られ、ありふれた表現は守られません。

その2
肖像権

裁判所は、次の3つの場合に「肖像権」侵害になるとします。

①被撮影者の私的領域で撮影されたり、私的領域で撮影された情報が公表されたりする場合において、当該情報が公共の利害に関するものでないとき

②公的領域において撮影されたり、公的領域で撮影された情報が公表されたりする場合において、当該情報が社会通念上受忍すべき限度を超えて被撮影者を侮辱するものであるとき

③公的領域において撮影されたり、公的領域で撮影された情報が公表されたりする場合において、当該情報が公表されることによって社会通念上受忍すべき限度を超えて平穏に日常生活をおくる被撮影者の利益を害するおそれがあるとき

その3
他人の投稿のスクリーンショットを添付する形での引用

Xが用意する「引用」機能を使うと、引用元の他人の投稿が変更されたり削除されたりすると、その機能を用いた表示内容も変更されてしまいます。そこで、引用当時の内容を正しく伝える目的で「他人の投稿のスクリーンショットを添付する形での引用」が行われることがあります。スクリーンショットを使えば、たとえ引用元の他人の投稿が変更されたとしても、スクリーンショット画像の内容は変更されません。

建築の著作物

著作権法46条は、建築の著作物は、次の①②の場合をのぞいて、自由に利用できると、「規定」します。

①建築により複製（コピー）し、その複製物を譲渡により公衆に提供する場合

②もっぱら複製物の販売を目的として複製し、またはその複製物を販売する場合

附随する著作物

著作権法30条の2は、①メインの伝達行為に付随して対象となる他人の著作物が、伝達物における軽微な構成部分にすぎず、②他人の著作物が正当な範囲内で利用されており、③著作権者の利益を不当に害さない場合に、自由利用が認められる、と「定め」ます。

パブリシティ権

裁判所は、「パブリシティ権」侵害になるのは、もっぱら肖像等の有する顧客吸引力の利用を目的とする場合に限られるとのべつつ、次の3つの具体例を示しました。

①肖像等それ自体を独立して鑑賞の対象となる商品等として使用する場合

→ブロマイド、写真集、ポスターなど

②商品等の差別化を図る目的で肖像等を商品等に付す場合

→キャラクター商品（Tシャツ、マグカップ、カレンダーなど）

③肖像等を商品等の広告として使用する場合

施設管理権

「施設管理権」とは、建物や敷地の所有者・管理者が有する権利で、施設内での迷惑行為を禁じたり、禁止行為

をした利用者には出て行ってもらったりできる権利をいいます。

その8
意匠法

「意匠法」は、商品の形状等について定める法律です。特許庁に意匠出願をして、登録されることで意匠権という権利が発生することなどが規定されています。著作権は、登録なしに創作と同時に権利が発生しますが、意匠権は、登録されてはじめて権利が発生するのが、大きなちがいです。

その9
必要な画素数

著作権法47条の2等は、コピープロテクションがされていない写真は、画素数を3万2400以下にして公衆に送信しなければならないとし、コピープロテクションがされた写真は、9万画素以下で公衆に送信してよいとします。

その10
商標法

「商標法」は、ブランドに関する定めを置く法律です。特許庁に商標出願をして、登録されることで商標権という権利が発生することなどが規定されています。著作権は、登録なしに創作と同時に権利が発生しますが、商標権は、登録されてはじめて権利が発生するのが、大きなちがいです。

著者プロフィール

山本特許法律事務所　東京オフィスパートナー

弁護士

三坂　和也（みさか　かずや）

2007 年早稲田大学法学部卒業、2010 年早稲田大学法科大学院卒業、同年司法試験合格。2011 年弁護士登録。2020 年カリフォルニア大学バークレー校ロースクール卒業（LL.M.）。大手製薬企業の企業内弁護士兼知的財産部員として、海外の企業との大規模な契約、医薬品医療機器等法の規制対応、特許訴訟、知財戦略などを担当し、2017 年に山本特許法律事務所に入所。山本特許法律事務所に入所後は、大企業の契約案件や知財紛争を対応する弁護士として従事。2019 年から 2 年間の米国留学を経て、2021 年 10 月に山本特許法律事務所のパートナー弁護士として東京オフィスを立ち上げる。現在は主に IT 業界や EC 業界の企業を中心に、著作権、商標、特許に関する知財戦略の相談や紛争対応、契約書作成、M&A まで、幅広く対応している。

山本特許法律事務所

弁護士

井髙　将斗（いだか　まさと）

2005 年同志社大学商学部卒業、2009 年神戸学院大学法科大学院卒業、2011 年司法試験合格。2013 年弁護士登録。同年に山本特許法律事務所に入所。入所後は、国内外の企業の知財権の取得や知財紛争を対応する弁護士として従事。2018 年より日本商標協会・関西支部幹事。著作権、商標、意匠、不正競争防止法の相談や紛争対応、契約書作成に関わるほか、著作権・商標等の申請・出願から権利行使まで、幅広く対応している。特に、商標と著作権を専門とし、商標・著作権チームをリーダーとして牽引している。

カバー／イラスト　mammoth.

カエル君と学ぶ！　著作権

発行日	2024年 12月 2日		第1版第1刷

著　者　三坂　和也／井髙　将斗

発行者　斉藤　和邦
発行所　株式会社　秀和システム
　　　　〒135-0016
　　　　東京都江東区東陽2-4-2　新宮ビル2F
　　　　Tel 03-6264-3105（販売）Fax 03-6264-3094
印刷所　三松堂印刷株式会社　　　　　　Printed in Japan

ISBN978-4-7980-7346-0 C0032